Claude **AUGÉ** & Maxime **PETIT**

Prix : 50 c.

HISTOIRE
DE FRANCE
EN IMAGES

A l'usage des tout petits

PARIS — LIBRAIRIE LAROUSSE

...éparatoire d'Histoire de France . . . . 70 cent.

Claude AUGÉ et Maxime PETIT

HISTOIRE DE FRANCE

EN IMAGES

A L'USAGE DES TOUT PETITS

Grands faits. — Anecdotes.
Images servant à provoquer et à développer.
l'esprit d'observation chez les enfants.
Enseignement par les yeux.

146 Gravures

TABLEAUX ET CARTES EN COULEURS

SOIXANTE-QUATRIÈME ÉDITION

PARIS

LIBRAIRIE LAROUSSE

17, rue Montparnasse, 17

SUCCURSALE : rue des Écoles, 58 (Sorbonne)

AVERTISSEMENT

Ce livre, comme l'indique son titre, a été écrit pour les tout petits, pour ceux qui, soit à l'école maternelle, soit dans la famille, ne sont pas encore capables d'avoir entre les mains le Livre préparatoire des mêmes auteurs. On n'y trouvera ni dates ni abstractions, mais une suite d'images accompagnées d'un texte très court et très élémentaire. Faire aux tout petits un cours d'histoire proprement dite serait une prétention qu'il est superflu de critiquer.

Un village gaulois.

HISTOIRE DE FRANCE

LA GAULE
LES MÉROVINGIENS

La Gaule et les Gaulois.

Il y a bien longtemps, la France s'appelait *Gaule*.

La Gaule était plus grande que la France d'aujourd'hui, mais elle avait moins d'habitants. Ses champs étaient mal cultivés. Elle était couverte de marécages et de forêts remplies d'ours, de loups, et d'autres animaux sauvages.

Ses habitants, appelés *Gaulois*, aimaient beaucoup la guerre et la chasse. Ils étaient grands, forts et courageux; ils n'avaient peur de rien. Malheureusement ils se querellaient et se battaient souvent entre eux.

Vercingétorix se rend à César.

Les Romains étaient alors le peuple le plus puissant du monde. Ils profitèrent des querelles des Gaulois pour pénétrer en Gaule, et un de leurs plus grands capitaines, Jules César, en commença la conquête.

Les Gaulois se défendirent bravement avec leur chef Vercingétorix, mais ils furent vaincus. Vercingétorix, pris à Alésia, fut mis à mort par ordre de César.

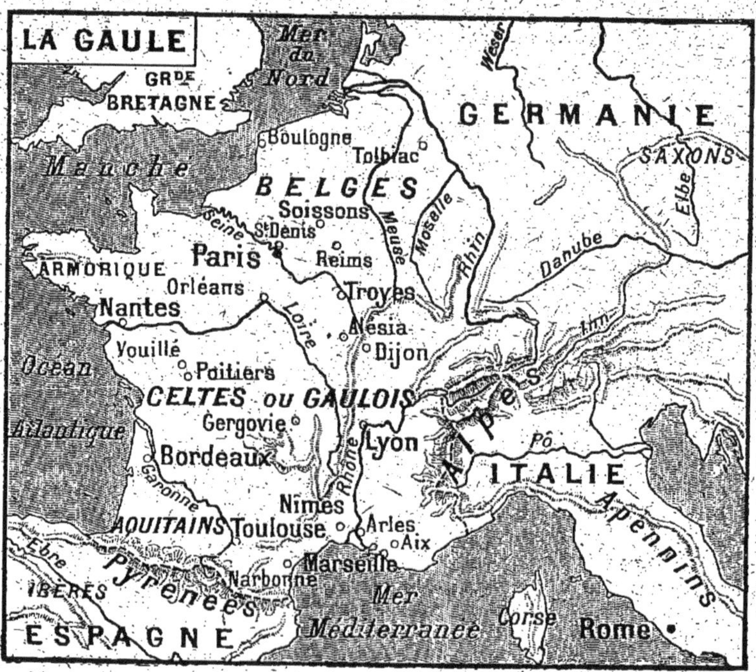

Martyre des premiers chrétiens.

Les Romains furent les maîtres de la Gaule pendant plus de quatre cents ans. Ils y construisirent des villes, des monuments, des ponts, des routes, et ils enseignèrent aux Gaulois les lettres, la peinture, la sculpture.

La religion de Jésus-Christ fut prêchée en Gaule. Les Romains, qui étaient païens, tourmentèrent les premiers chrétiens. Ils en firent mourir beaucoup. Ils aimaient surtout à les livrer aux bêtes féroces, dans leurs cirques.

Les Francs passent le Rhin pour envahir la Gaule.

Des peuples barbares vivaient dans les forêts froides et humides de la Germanie. N'y trouvant plus de quoi se nourrir, ils envahirent un jour la Gaule, qu'ils ravagèrent.

Parmi eux étaient les Francs, guerriers braves et vigoureux. Les Francs s'établirent dans le nord de la Gaule et s'avancèrent peu à peu vers le centre du pays.

Sainte Geneviève rassure les Parisiens.

La Gaule fut envahie par les Huns, féroces barbares venus de l'Asie. Leur chef, Attila, se disait envoyé par le Ciel pour punir les hommes, et se faisait appeler le *fléau de Dieu*. Tout le monde se sauvait à l'approche des Huns. Cependant une jeune bergère, sainte Geneviève, rassura les Parisiens et les engagea à ne pas s'enfuir; il arriva, en effet, qu'Attila n'approcha pas de Paris.

Les Huns dévastaient tout.

Les Francs, commandés par leur roi Mérovée, s'unirent aux Gaulois et aux Romains pour chasser Attila. Une grande bataille eut lieu près de Troyes. Les Huns furent vaincus et quittèrent la Gaule.

Mérovée donna son nom à la première race des rois francs, les *Mérovingiens*, dont le plus illustre fut Clovis.

Clovis proclamé roi des Francs.

Les envoyés de saint Remi demandent à Clovis
le vase de Soissons.

Clovis, roi des Francs, petit-fils de Mérovée, résolut
de faire la conquête de la Gaule tout entière. Il vainquit
les Romains à Soissons et ses soldats pillèrent le pays.
L'un d'eux prit dans une église un vase magnifique
que l'évêque de Reims, saint Remi, envoya réclamer.
Clovis allait rendre le vase, quand un soldat furieux
le brisa d'un coup de hache. Clovis retint sa colère ;
mais, un an après, en passant la revue de ses troupes, il
dit au soldat : « Personne n'a des armes aussi mal tenues
que les tiennes. » Et, prenant sa hache, il la jeta à terre.
Le soldat s'étant baissé pour la ramasser, Clovis lui fendit
le crâne en disant : « Ainsi as-tu fait au vase de Soissons. »

Clovis à Tolbiac.

L'évêque saint Remi baptise Clovis à Reims.

Clovis avait épousé Clotilde, nièce du roi des Bourguignons. Clotilde était chrétienne ; elle engageait Clovis à se faire baptiser, mais Clovis ne le voulait pas.

Les Alamans vinrent attaquer les Francs. Clovis marcha contre eux et leur livra bataille à Tolbiac. Comme ses soldats reculaient, Clovis, désespéré, jura de se faire chrétien s'il remportait la victoire. Ses troupes reprirent courage et vainquirent les Alamans. Clovis se rendit à Reims, où il se fit baptiser par saint Remi.

Clovis à Dijon.

Clovis à Vouillé.

Pour devenir maître de toute la Gaule, Clovis n'avait plus qu'à vaincre les Bourguignons et les Wisigoths. Il battit les Bourguignons à Dijon, puis il attaqua les Wisigoths et les vainquit à Vouillé, près de Poitiers. Clovis régna alors sur toute la Gaule. Il mourut à Paris, qu'il avait choisi pour capitale.

Massacre des enfants de Clodomir.

Les quatre fils de Clovis se partagèrent la Gaule. L'un d'eux, Clodomir, fut tué dans un combat; ses frères, Childebert et Clotaire, assassinèrent deux de ses enfants pour s'emparer de leur héritage. Le plus petit, le troisième, fut sauvé par ses serviteurs et se fit moine.

Supplice de Brunehaut.

Clotaire eut quatre fils qui, eux aussi, se partagèrent la Gaule. Ces princes barbares et méchants se firent une guerre atroce. Les deux reines Brunehaut et Frédégonde dirigeaient la lutte. A la fin, Brunehaut vaincue fut, par ordre de Clotaire II, fils de Frédégonde, attachée à la queue d'un cheval, qui traîna son corps dans une course furieuse et le mit en lambeaux.

Dagobert et saint Éloi à Saint-Denis.

Dagobert fut le seul roi mérovingien qui, depuis Clovis, gouverna bien son royaume. Il suivit les sages conseils de son ministre. saint Éloi, et fit construire la basilique de Saint-Denis, où furent enterrés les rois de France.

Un roi fainéant.

Après la mort de Dagobert, les rois n'eurent plus aucun pouvoir. Ils ne firent plus rien : aussi les appela-t-on *rois fainéants*. Leurs intendants, nommés *maires du palais*, furent les vrais maîtres du royaume.

Les rois fainéants sortaient quelquefois de leur demeure, sur un chariot traîné par des bœufs.

Charles Martel bat les Arabes à Poitiers.

Des Arabes venus d'Espagne envahirent la Gaule. Ils voulaient s'emparer de l'Europe pour l'obliger à suivre la religion de Mahomet.

Le maire du palais, Charles, les vainquit à Poitiers et les chassa du pays. Il tua tant d'ennemis avec son *marteau* d'armes qu'on le surnomma *Martel*.

LES CAROLINGIENS

Pépin le Bref, fils de Charles Martel, renversa du trône les rois fainéants et se fit couronner roi des Francs par le pape.

Avec lui commence la seconde race de nos rois, les *Carolingiens*, à laquelle Charlemagne a donné son nom.

Mort de Roland à Roncevaux. (V. carte, p. 26.)

Charlemagne devint roi des Francs à la mort de son père, Pépin le Bref. Il s'est rendu célèbre par des guerres glorieuses. Il soumit la Gaule entière, conquit le nord de l'Italie et passa en Espagne pour battre les Arabes.

C'est en franchissant les Pyrénées, au retour de cette expédition, que le fameux paladin Roland périt dans la vallée de Roncevaux. Il fut écrasé sous des roches et des troncs d'arbres, que les Basques faisaient rouler du haut des montagnes.

Roland avait sonné du cor pour appeler Charlemagne à son secours, mais l'empereur était arrivé trop tard.

Soumission des Saxons.

Charlemagne proclamé empereur.

La plus longue guerre faite par Charlemagne fut la
guerre contre les Saxons, peuple païen de la Germanie.
Les Saxons se défendirent pendant trente-trois ans.

Charlemagne, ami des papes, fut couronné à Rome
empereur d'Occident.

Charlemagne visitant les écoles.

Charlemagne gouverna avec beaucoup de sagesse.
Il fit de bonnes lois pour le bien de son peuple.

Pour répandre l'instruction, il créa des écoles et
attira les savants étrangers dans son royaume. Il visitait
souvent les écoles; il récompensait les élèves studieux
et punissait sévèrement ceux qui ne travaillaient pas.

**Les Normands pillaient les châteaux, les églises,
les couvents.**

Siège de Paris par les Normands.

Les rois qui succédèrent à Charlemagne ne surent
pas gouverner leur royaume. Ce fut sous leur règne que
les Normands ravagèrent notre pays.

Les Normands étaient des pirates venus du nord de
l'Europe. Pendant plusieurs années, ils pillèrent Paris,
Rouen, Nantes, Bordeaux, et beaucoup d'autres villes.

Enfin, un des derniers rois carolingiens, Charles le
Simple, leur permit de demeurer en France pour vivre
en paix avec eux. Il leur donna une province qui, de
leur nom, s'appela *Normandie*.

LES CAPÉTIENS

Un seigneur de France, Hugues *Capet*, remplaça les Carolingiens sur le trône. Il donna son nom à la troisième race des rois de France, les *Capétiens*.

Le roi, à cette époque, n'était pas le plus fort. Il ne possédait que Paris et une toute petite partie de la France; le reste appartenait à des seigneurs bien plus puissants que lui, et qui ne le craignaient pas.

Les seigneurs dévastaient les campagnes.

Les seigneurs se faisaient la guerre entre eux; ils dévastaient les campagnes, brûlaient les chaumières, enlevaient les troupeaux et les récoltes. Aussi les paysans étaient-ils très pauvres et très malheureux.

Le seigneur habitait un immense château, construit sur une colline, entouré de murailles énormes et de fossés profonds. Au pied de la colline, on voyait les petites et misérables cabanes des paysans.

Le seigneur ne sortait de sa demeure que pour chasser ou se battre.

Concile de Clermont-Ferrand.

C'est à Jérusalem, très loin de France, en Asie, que se trouve le tombeau de Jésus-Christ. Cette ville appartenait aux Turcs ou Sarrasins, ennemis des chrétiens.

Un moine, appelé Pierre l'Ermite, revenant de Jérusalem, raconta toutes les misères des chrétiens d'Asie et des pèlerins. Le pape lui-même vint en France, à Clermont-Ferrand, et prêcha la guerre contre les Turcs.

Prise de Jérusalem par les Croisés.

Les chrétiens d'Europe jurèrent d'aller en Terre sainte. Ils attachèrent sur leurs habits une *croix* d'étoffe rouge; c'est pour cela qu'on les appela *croisés* et qu'on donna le nom de *croisades* aux guerres qu'ils entreprirent.

Après deux ans de fatigues et de souffrances, les croisés arrivèrent devant Jérusalem, dont ils s'emparèrent.

Bourgeois jurant de résister aux seigneurs.

Les seigneurs étaient si méchants que le peuple se révolta. Les habitants des villes, appelés bourgeois, jurèrent de leur résister tous ensemble, en *commun*; et c'est depuis ce temps que les villes s'appelèrent *communes*.

L'abbé Suger, qui fut le sage ministre des rois Louis VI et Louis VII, aida le peuple contre les seigneurs.

Une ville au moyen âge.

Les villes, aux rues étroites, étaient défendues par de hautes murailles. A côté de l'hôtel de ville, où les bourgeois se réunissaient, s'élevait une haute tour appelée *beffroi*. Au sommet du beffroi, une sentinelle veillait jour et nuit. En cas de danger, elle sonnait le *tocsin*, pour appeler les bourgeois aux armes; le soir, elle sonnait le *couvre-feu*, pour inviter les habitants à rentrer chez eux et à éteindre toute lumière.

Philippe Auguste fit la guerre en Terre sainte.

Philippe Auguste, fils de Louis VII, fut un des plus grands rois capétiens. Après avoir fait la guerre en Terre sainte, il revint en France, où il reprit aux Anglais quelques-unes des provinces qu'ils possédaient.

Philippe Auguste à Bouvines.

Les Anglais appelèrent l'empereur d'Allemagne à leur secours. Philippe Auguste les vainquit à Bouvines. Pendant la bataille, Philippe, jeté à bas de son cheval, faillit être tué ; mais ses soldats le délivrèrent. La victoire de Bouvines le rendit très puissant.

Philippe Auguste gouverna bien la France. A Paris, il fit paver les rues, construire les Halles, le Louvre et acheva la cathédrale Notre-Dame commencée sous Louis VII.

Blanche de Castille et son fils.

Saint Louis à Taillebourg.

Saint Louis, petit-fils de Philippe Auguste, n'avait que onze ans quand il devint roi. Sa mère, Blanche de Castille, gouverna sagement à sa place. Elle donna à son fils une éducation qui fit de lui le modèle des rois et des chevaliers.

Devenu grand, saint Louis battit à Taillebourg les Anglais et les seigneurs révoltés contre lui.

Saint Louis part pour l'Égypte.

Saint Louis en prison.

Saint Louis alla en Égypte pour combattre les Sarrasins. Il fut d'abord victorieux, mais la fatigue et la maladie ayant fait périr un grand nombre de ses chevaliers, il fut fait prisonnier. Pendant sa captivité, ses vertus excitèrent l'admiration de tous ses ennemis.

Saint Louis rendant la justice à Vincennes.

Mort de saint Louis à Tunis.

De retour en France, saint Louis s'occupa de bien gouverner le royaume. Souvent, il rendait la justice lui-même sous un grand chêne, à Vincennes, près de Paris.

Saint Louis entreprit une seconde croisade à Tunis, en Afrique, mais son armée fut ravagée par la peste et lui-même, atteint de ce terrible fléau, mourut, après avoir donné à son fils les plus sages conseils.

Les premiers états généraux s'assemblèrent à Notre-Dame de Paris.

Le pouvoir du roi devenait de plus en plus grand, et Philippe le Bel, petit-fils de saint Louis, le rendit encore plus redoutable.

Philippe le Bel voulut que le clergé payât un impôt. Il eut à ce sujet une violente querelle avec le pape : Philippe réunit alors les états généraux, c'est-à-dire les représentants de la noblesse, du clergé et de la bourgeoisie. Les états généraux lui donnèrent raison.

Les Templiers furent brûlés.

Philippe le Bel fut un roi habile, mais violent. Il abolit les Templiers, ordre religieux et militaire, qui avait rendu de grands services pendant les croisades. Il les fit condamner à mort et brûler sur le bûcher ; puis, il s'empara de leurs richesses.

A Crécy, les Anglais se servirent pour la première fois de canons.

Les fils de Philippe le Bel n'avaient pas d'enfants; la couronne de France fut disputée par leurs cousins, Philippe de Valois, et Édouard III, roi d'Angleterre. Philippe l'emporta, et Édouard, jaloux, commença contre la France une guerre qui dura plus de cent ans.

Les chevaliers français, braves mais imprudents, furent vaincus à Crécy par les Anglais bien disciplinés.

La reine d'Angleterre demande la grâce des bourgeois de Calais.

Édouard alla mettre le siège devant Calais qui se défendit plus d'un an. Furieux, le roi d'Angleterre voulait faire mettre à mort tous les habitants. Eustache de Saint-Pierre et cinq de ses compagnons se dévouèrent pour sauver leurs compatriotes. Ils vinrent en chemise, pieds nus et la corde au cou, se livrer à la colère d'Édouard; mais la reine d'Angleterre obtint leur grâce.

Jean le Bon à la bataille de Poitiers.

Le roi Jean le Bon fut encore plus malheureux que
son père Philippe de Valois dans sa lutte contre les
Anglais. Il fut vaincu et pris à Poitiers. On le conduisit
prisonnier à Londres, où il mourut.

Presque la moitié de la France appartint alors aux
Anglais.

Du Guesclin, enfant, jouait à la petite guerre.

Charles V, fils de Jean le Bon, fut un roi très sage.
Il mit à la tête de ses armées un intrépide chevalier
breton nommé Bertrand Du Guesclin.

Tout jeune, Du Guesclin était querelleur et batail-
leur. Il réunissait les enfants de son âge pour jouer à la
petite guerre.

Du Guesclin se rendit célèbre dans les tournois et dans les batailles.

En grandissant, Du Guesclin devint bon, juste et généreux. Il se rendit célèbre dans les tournois et dans les batailles. Son courage, sa force et son adresse faisaient l'admiration de tout le monde.

Il fit une guerre terrible aux Anglais, qu'il chassa presque entièrement de France.

Du Guesclin fait connétable.   **Mort de Du Guesclin.**

Charles V nomma Du Guesclin connétable, c'est-à-dire chef de tous les soldats du royaume.

Du Guesclin mourut en assiégeant la ville de Châteauneuf-Randon. Les Anglais vinrent déposer les clefs de la ville sur son cercueil, et Charles V fit ensevelir le connétable dans la basilique de Saint-Denis.

Charles VI dans la forêt du Mans.

Le roi Charles VI, fils de Charles V, traversait un jour la forêt du Mans, lorsqu'un homme couvert de haillons saisit la bride de son cheval en lui criant : « Roi, tu es trahi ! » Charles VI fut tellement saisi, à la vue de cet homme, qu'il devint fou.

Alors les seigneurs se disputèrent le droit de gouverner le royaume à sa place. Les Anglais revinrent en France et battirent les Français à Azincourt.

Des bandes armées dévastaient les campagnes.

Les Anglais entrèrent dans Paris d'où ils chassèrent le fils de Charles VI et ils s'emparèrent de presque toute la France. Notre pays fut alors en proie à toutes sortes de maux ; les campagnes ravagées ne donnaient plus de récoltes ; les habitants mouraient de faim, et les gens de guerre pillaient et brûlaient leurs maisons.

Jeanne d'Arc à Orléans.

Charles VII sacré à Reims.

Charles VII eut confiance en Jeanne d'Arc et lui donna le commandement d'une armée. Jeanne partit, suivie des plus vaillants capitaines ; elle vainquit les Anglais, délivra Orléans, et conduisit Charles VII à Reims pour le faire sacrer roi.

Jeanne d'Arc faite prisonnière.

Après le sacre du roi, Jeanne voulut revenir dans sa famille, mais Charles VII la retint. Depuis, elle ne combattit plus avec le même bonheur ; elle croyait sa mission terminée ; elle avait perdu confiance. Elle fut blessée devant Paris et prise à Compiègne par les Bourguignons, qui la vendirent aux Anglais.

Supplice de Jeanne d'Arc.

Les Anglais condamnèrent Jeanne à être brûlée vive à Rouen; mais les Français continuèrent la guerre, et, vingt ans après la mort de Jeanne d'Arc, les Anglais ne possédaient plus qu'une ville en France : Calais.

Chez les Gaulois et chez les Francs

Sous les Capétiens directs

Pendant la guerre de Cent ans

Louis XI et Charles le Téméraire à Péronne.

Louis XI succéda à son père Charles VII. Il fit une guerre continuelle aux seigneurs, dont le plus puissant était Charles le Téméraire, duc de Bourgogne.

Louis XI essaya de faire la paix avec ce puissant adversaire, à Péronne, mais il n'y réussit pas.

Jeanne Hachette au siège de Beauvais.

La guerre ayant recommencé, Charles le Téméraire voulut s'emparer de la ville de Beauvais, mais les habitants se défendirent bravement. Parmi eux, une jeune fille, nommée Jeanne *Hachette*, se distingua par son courage. Charles fut obligé de battre en retraite.

Mort de Charles le Téméraire.

Charles le Téméraire fut tué dans une bataille, près de Nancy. On retrouva son corps à demi enfoncé dans la neige et la glace; les loups avaient commencé de le dévorer.

Louis XI s'empara des domaines de Charles le Téméraire et agrandit ainsi le royaume de France.

Louis XI dans son château de Plessis-lez-Tours.

Louis XI fut cruel, hypocrite; mais malgré ses défauts, il fut un grand roi. Il vivait retiré dans un château, près de Tours, en compagnie d'Olivier le Daim, son barbier, et du bourreau Tristan. Pour se préserver de la mort, il se couvrait de médailles et de reliques.

Les armes à feu.

Gutenberg et l'imprimerie.

Christophe Colomb découvre l'Amérique.

Trois grandes découvertes furent faites vers cette époque :

1° L'invention de la poudre, qui permit aux soldats de se servir d'armes à feu : de fusils, de canons ;

2° L'invention de l'imprimerie par Jean Gutenberg, de Mayence (Allemagne), qui permit de faire des livres en grand nombre et de répandre ainsi l'instruction ;

3° La découverte de l'Amérique par Christophe Colomb, navigateur de Gênes (Italie), qui permit à la bourgeoisie de s'enrichir par le commerce.

Bayard s'empare d'un drapeau à Fornoue.

Charles VIII n'avait que treize ans à la mort de son père, Louis XI; sa sœur, Anne de Beaujeu, gouverna à sa place. Quand Charles VIII fut majeur, il alla en Italie, s'empara de Naples, et vainquit ensuite les Italiens à Fornoue. C'est là que le chevalier Bayard, âgé de dix-huit ans, se distingua pour la première fois.

Mort de Gaston de Foix à Ravenne.

Louis XII devint roi à la mort de son beau-frère Charles VIII. Il continua la guerre en Italie, où ses troupes, commandées par son neveu Gaston de Foix, remportèrent plusieurs victoires. Mais lorsque Gaston fut tué à Ravenne, les Français furent chassés d'Italie.

Louis XII, qui avait sagement gouverné la France, reçut le titre de *Père du Peuple*.

Bayard lutte seul contre 200 Espagnols.

Bayard se couvrit de gloire pendant les guerres d'Italie. Il était d'une bravoure admirable et d'une loyauté sans égale. On l'appela *le Chevalier sans peur et sans reproches*, parce qu'il n'avait jamais eu peur et qu'il s'était toujours conduit en honnête homme.

Un jour, il arrêta seul sur un pont deux cents Espagnols qui voulaient surprendre les Français.

François Ier armé chevalier par Bayard.

François Ier remplaça sur le trône de France son cousin Louis XII. Il passa lui aussi les Alpes pour aller faire la guerre en Italie et vainquit les Suisses à la sanglante bataille de Marignan. Après le combat, François Ier voulut être armé chevalier par Bayard, qui avait fait des prodiges de valeur pendant la bataille.

Défense de Mézières par Bayard.

Bayard et le connétable de Bourbon.

L'empereur d'Allemagne étant mort, Charles-Quint, roi d'Espagne, et François I⁰ʳ se disputèrent sa couronne. Charles-Quint l'ayant obtenue, la guerre éclata entre les deux monarques.

Bayard repoussa les Espagnols de Mézières. Mais les troupes françaises, mal commandées, furent battues en Italie, où Bayard fut tué. Avant de mourir, le brave chevalier adressa de sévères reproches au connétable de Bourbon, qui avait trahi la France pour combattre dans les rangs espagnols.

Bayard fut pleuré de tous, amis et ennemis.

François Iᵉʳ à Pavie.

François Iᵉʳ alla en Italie avec de nouvelles troupes, mais il attaqua imprudemment les ennemis. Il fut vaincu et pris à Pavie, puis mené prisonnier à Madrid, où il resta un an.

Devenu libre, il recommença la guerre, et fut tour à tour vainqueur et vaincu.

La cour de François Iᵉʳ à Fontainebleau.

François Iᵉʳ appela à sa cour des savants, des écrivains et des artistes ; il y eut une *Renaissance*, c'est-à-dire une nouvelle naissance des lettres et des arts.

La cour de France devint la plus brillante de l'Europe.

On vit s'élever partout des châteaux gracieux et élégants, qui remplacèrent le sombre manoir féodal.

Siège de Metz par les Espagnols.

Henri II, fils de François Ier, continua la guerre contre Charles-Quint. Il prit Metz : Charles-Quint vint avec une puissante armée pour reprendre la ville ; mais il échoua, et il vit ses soldats mourir de froid et de misère.

Cinq ans plus tard, François de Guise s'emparait de Calais, seule ville de France qui restât aux Anglais.

Henri II blessé à mort par Montgomery

La paix fut signée. Elle fut célébrée par des fêtes et des tournois. Dans un de ces jeux guerriers, Henri II fut blessé à l'œil par un éclat de lance, en joutant avec Montgomery, son capitaine des gardes. Il mourut des suites de sa blessure, quelques jours après.

Henri II en mourant laissait quatre fils, dont trois furent rois l'un après l'autre. Leur mère, Catherine de Médicis, Italienne hypocrite et rusée, gouverna à leur place.

Pendant le règne des fils de Henri II, la France fut désolée par les *Guerres de religion*. On appelle ainsi les guerres que se firent les catholiques et les protestants. Les premiers avaient à leur tête les ducs de Guise; les seconds, le roi de Navarre et l'amiral de Coligny.

François II, fils aîné de Henri II, ne régna qu'un an. Il fut remplacé sur le trône par son frère Charles IX, âgé de dix ans.

Assassinat de l'amiral de Coligny.

Charles IX, excité par sa mère, Catherine de Médicis, laissa massacrer les protestants dans la nuit de la Saint-Barthélemy. Des milliers de personnes furent égorgées à Paris et dans les provinces. L'amiral de Coligny fut une des premières victimes.

Henri III et ses favoris.

Henri III succéda à son frère Charles IX. Ce prince ne s'occupait que de sa toilette et de ses plaisirs.

Il fit assassiner Henri de Guise, chef des catholiques, et périt lui-même poignardé par un moine, appelé Jacques Clément. Henri III avant de mourir avait désigné pour son successeur son beau-frère Henri de Navarre.

Enfance de Henri de Navarre.

Henri de Navarre était né au château de Pau. Il avait été élevé à la rude école des montagnards; nu-tête et pieds nus, il parcourait les montagnes, escaladait les rochers. Aussi devint-il agile et vigoureux. En même temps, des maîtres savants lui donnaient une bonne instruction.

Henri IV à Ivry.

Henri IV était protestant; aussi les catholiques ne le voulurent-ils pas pour roi, et ils lui firent la guerre. Henri vainquit leur chef, le duc de Mayenne, à Arques et à Ivry. Avant cette dernière bataille, il dit à ses soldats : « Compagnons, si vous perdez de vue vos drapeaux, ralliez-vous à mon panache blanc, vous le trouverez toujours au chemin de l'honneur et de la victoire. »

Henri IV au siège de Paris.

Henri IV vint assiéger Paris. Bientôt les Parisiens, n'ayant plus de quoi se nourrir, souffrirent beaucoup de la faim. Henri IV, touché de leurs malheurs, permit à ses soldats de leur vendre des vivres.

Pour mettre fin à des guerres qui ruinaient la France, Henri IV se fit catholique. Aussitôt Paris et les grandes villes lui ouvrirent leurs portes.

Henri IV et le duc de Mayenne.

Mayenne, soutenu par les Espagnols, continua la guerre. Henri IV le vainquit à Fontaine-Française. Le duc vint alors trouver le roi pour faire la paix. Comme il était fort gros, Henri IV, pour le punir, lui fit faire à grands pas une longue promenade. Le voyant essoufflé, hors d'haleine, il lui dit en riant : « Voilà, mon cousin, tout le mal que je vous ferai de ma vie. »

Henri IV et Sully.

Henri IV fit la paix avec les Espagnols, et permit aux protestants de suivre leur religion. Il s'occupa ensuite de rendre la France heureuse. Il voulait que chaque paysan pût mettre la poule au pot tous les dimanches. Son ministre, Sully, l'aida beaucoup à faire le bonheur du pays.

Henri IV mourut assassiné, dans son carrosse, par un misérable nommé Ravaillac. Toute la France le pleura.

Un ambassadeur surprend Henri IV en train de jouer avec ses enfants.

Louis XIII, fils de Henri IV, n'avait que neuf ans quand son père mourut. Sa mère, Marie de Médicis, fut chargée de gouverner à sa place. Elle était trop faible pour diriger la France; les protestants se révoltèrent, et les seigneurs gaspillèrent le trésor royal.

La digue de La Rochelle.

Le cardinal de Richelieu, devenu premier ministre, rétablit l'ordre dans le royaume.

Richelieu força les protestants à l'obéissance. Il alla assiéger La Rochelle, leur ville la plus forte, et il fit fermer le port par une digue, qui empêcha les Rochelais de recevoir des secours. La ville dut se rendre.

Supplice de Cinq-Mars et de Thou, à Lyon.

Les seigneurs obéissaient mal aux ordres du roi et quelques-uns comme Cinq-Mars et de Thou, conspiraient même contre lui. Richelieu les envoya à l'échafaud; il en mit d'autres en prison et défendit les duels.

Louis XIII suivait les conseils de Richelieu.

L'Autriche, unie à l'Espagne, formait une nation dont la puissance menaçait toujours la France. Richelieu lutta contre elle, la vainquit et fit de notre patrie la première nation de l'Europe.

Richelieu porté par ses gardes.

Pendant la guerre contre l'Espagne, Richelieu tomba malade dans les Pyrénées. Ses gardes le ramenèrent à Paris sur une immense litière.

Epuisé par le travail et la maladie, Richelieu mourut quelques mois avant Louis XIII. — C'est sous le règne de Louis XIII que vécut le grand poète Corneille.

Bataille de Rocroi.

Louis XIV n'avait que cinq ans quand il devint roi. Sa mère, Anne d'Autriche, qui devait gouverner pour lui, prit pour ministre le cardinal Mazarin.

Mazarin continua la guerre contre l'Autriche et l'Espagne. Les armées françaises commandées par le prince de Condé, vainquirent les Espagnols à Rocroi. L'Allemagne demanda la paix et nous céda l'Alsace.

Une rue de Paris pendant la Fronde.

Le peuple de Paris se révolta contre Mazarin, qui lui demandait de l'argent. Il fit contre lui une guerre qu'on appela la *Fronde*. Mais le cardinal, très adroit, sut calmer les Parisiens. Pendant ce temps, Turenne remportait, sur les Espagnols, la victoire des Dunes, près de Dunkerque.

Une victoire de Jean Bart.

A la mort de Mazarin, Louis XIV gouverna seul le royaume. Il voulut faire de la France l'État le plus puissant du monde. Son orgueil fut cause de longues guerres. D'abord, il vainquit de nouveau l'Espagne, puis la Hollande, puis l'Europe presque tout entière.

Condé et Turenne remportaient de brillantes victoires sur terre, pendant que sur mer Du Quesne et Jean Bart battaient les flottes ennemies.

Mort de Turenne.

Un jour, Turenne, qui faisait la guerre en Alsace, fut mortellement blessé par un boulet. Sa mort priva la France d'un illustre homme de guerre. Louis XIV le fit enterrer à Saint-Denis, à côté des sépultures royales.

L'armée française à Denain.

Les longues guerres de Louis XIV épuisèrent la France, qui fut bien malheureuse, surtout vers la fin du règne de ce monarque. Plusieurs fois, elle fut envahie par les ennemis, mais la victoire de Denain, remportée par Villars, la sauva de la ruine.

Louis XIV et sa cour.

Louis XIV fut servi par d'excellents ministres : Colbert et Louvois. De grands généraux dirigeaient ses armées. D'illustres marins commandaient ses vaisseaux. De grands artistes et de grands écrivains : Racine, Molière, La Fontaine, Boileau, Bossuet et Fénelon, illustrèrent son règne. Sa cour, dans le magnifique palais de Versailles, fut la plus brillante de l'Europe.

La misère dans les campagnes au commencement du règne de Louis XV.

Louis XIV laissa la couronne à son arrière-petit-fils, Louis XV, enfant de cinq ans. Les ministres gouvernèrent pour le nouveau roi et dépensèrent follement la fortune du pays, tandis que, dans les campagnes, le peuple était dans une misère profonde.

Bataille de Fontenoy.

Sous Louis XV, la France soutint de grandes guerres, mais presque toutes furent malheureuses, parce que nos troupes étaient souvent commandées par des généraux incapables. Cependant nos soldats, commandés par le maréchal de Saxe, remportèrent la brillante victoire de Fontenoy sur les Autrichiens et les Anglais.

Dévouement du chevalier d'Assas.

Le chevalier d'Assas alla une nuit seul dans un bois près du Rhin pour voir si l'ennemi ne s'y était pas caché.

Tout à coup, les soldats ennemis l'entourèrent en lui disant tout bas : « Si tu dis un mot, tu es mort ! » Mais d'Assas, loin d'avoir peur, cria de toutes ses forces pour prévenir les Français : « A moi, ce sont les ennemis ! » Il tomba aussitôt percé de coups, mais les Français furent sauvés.

Une réunion de savants.

La France avait perdu toutes ses colonies, elle était ruinée par ces guerres continuelles. Il n'y avait plus d'hommes pour travailler les champs : la terre ne produisait plus rien ; la misère était affreuse. Le roi, dont la mauvaise conduite était cause de ces malheurs, mourut détesté et méprisé de tout le monde.

De grands écrivains vécurent sous Louis XV : Voltaire et Rousseau sont les plus célèbres.

Louis XVI devint roi à la mort de son grand-père
Louis XV. Il avait épousé Marie-Antoinette, archidu-
chesse d'Autriche.

Le nouveau roi était bon mais faible. Il prit d'abord
de sages ministres, Turgot et Necker, mais il les ren-
voya bientôt pour plaire à ses courtisans.

Les impôts étaient très lourds; le peuple, qui les
payait presque seul, était fort mécontent. N'osant en
créer de nouveaux et ayant besoin d'argent, Louis XVI
réunit les états généraux.

De Louis XI à Louis XIII
De Louis XIII à la Révolution
De la Révolution à nos jours

LA RÉVOLUTION

Le serment du Jeu de paume.

La prise de la Bastille.

Les États généraux se réunirent à Versailles. Les députés de la bourgeoisie ne voulurent plus obéir aux ordres du roi. Ils se réunirent dans une salle, où l'on jouait d'habitude au jeu de paume : ils jurèrent de ne pas se séparer avant d'avoir obtenu les mêmes droits pour tous les Français, nobles ou non.

Le roi résista et alors éclata la Révolution. Paris se souleva ; le peuple prit la Bastille, grande prison d'État où des malheureux souvent innocents étaient enfermés dans des cachots obscurs et infects.

Fête de la Fédération.

Jusque-là le drapeau de la France avait été blanc. Désormais, il fut tricolore : bleu, blanc, rouge.

En mémoire de la prise de la Bastille, on célébra à Paris la fête de la Fédération, c'est-à-dire de l'union de tous les Français. Toutes les communes envoyèrent des délégués pour les représenter à cette fête.

Louis XVI reconnu à Varennes.

Alors beaucoup de nobles quittèrent la France. Ils allèrent dans les pays étrangers pour les engager à faire la guerre à la Révolution. Louis XVI essaya de fuir avec Marie-Antoinette et sa famille, mais il fut reconnu à Varennes, à sept lieues de Verdun, et ramené à Paris, où on l'enferma dans la prison du Temple.

Les engagements volontaires.

Les rois de l'Europe, excités par les nobles français émigrés, déclarèrent la guerre à la Révolution.

L'Assemblée qui gouvernait alors la France se hâta de former des armées. Elle appela tous les hommes qui voulaient défendre la patrie en danger : il en vint un très grand nombre de tout âge, même des enfants.

La victoire de Valmy.

Nos soldats mal armés, mal nourris, mal vêtus, chaussés de sabots et souvent pieds nus, se battirent comme des lions. Tout d'abord ils essuyèrent quelques échecs ; mais bientôt ils vainquirent les Prussiens à Valmy et les chassèrent de France.

La première République fut proclamée.

Exécution de Louis XVI.

Une nouvelle Assemblée, appelée la *Convention*, gouverna alors notre pays. Elle fut cruelle pour ceux qu'elle soupçonnait de ne pas aimer la République. Elle envoya à l'échafaud Louis XVI, Marie-Antoinette et des milliers de personnes de toutes conditions. On donna à ces temps tragiques le nom de *Terreur*.

La guerre en Vendée et en Bretagne.

Quelques provinces françaises, telles que la Vendée et la Bretagne, se soulevèrent contre la Convention pour venger la mort de Louis XVI. En même temps, les rois de l'Europe recommencèrent la guerre contre la France.

Bataille de Fleurus.

Carnot fut chargé de diriger les armées françaises. Il sut trouver des héros, tels que Hoche, Marceau, Bonaparte. La Convention vainquit tous ses ennemis. Nos troupes, victorieuses à Fleurus, obligeaient les ennemis à demander la paix.

Hoche donnait ses nuits à l'étude.

Hoche pacifia la Vendée.

Hoche vainquit les Vendéens, et mit fin à la guerre civile, c'est-à-dire à la guerre entre Français.

Hoche, soldat de seize ans, passait une partie de ses nuits à s'instruire. Il devint général à vingt-quatre ans. Malheureusement, il mourut tout jeune, et la France perdit en lui un de ses plus braves chefs d'armée.

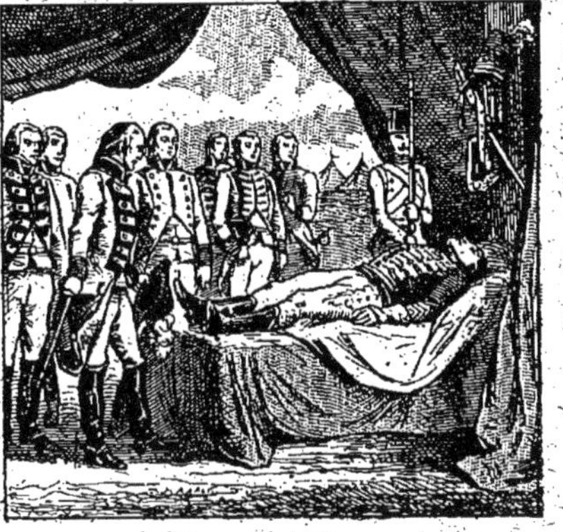

**Le général Marceau s'illustra
en Allemagne.**

**Les Autrichiens vinrent saluer
les restes de Marceau.**

Un nouveau gouvernement, le *Directoire*, remplaça la Convention. Nos armées se couvrirent de gloire en Allemagne et en Italie.

Dans une de ces campagnes le général Marceau fut tué non loin du Rhin. L'état-major autrichien vint saluer le corps du jeune héros.

Bonaparte au pont d'Arcole.

En Italie, le général Bonaparte vainquit les Autrichiens dans plusieurs batailles. Il s'élança sur le pont d'Arcole, un drapeau à la main, pour entraîner ses soldats. Il acheva ensuite de détruire les troupes autrichiennes à Rivoli, et l'Autriche demanda la paix.

La bataille des Pyramides.

Bonaparte résolut de faire la conquête de l'Égypte. Il partit avec une armée et vainquit les Turcs près des Pyramides. Mais, ayant appris que l'Autriche et l'Angleterre faisaient de nouveau la guerre à la France, il revint à Paris, où on le reçut avec enthousiasme.

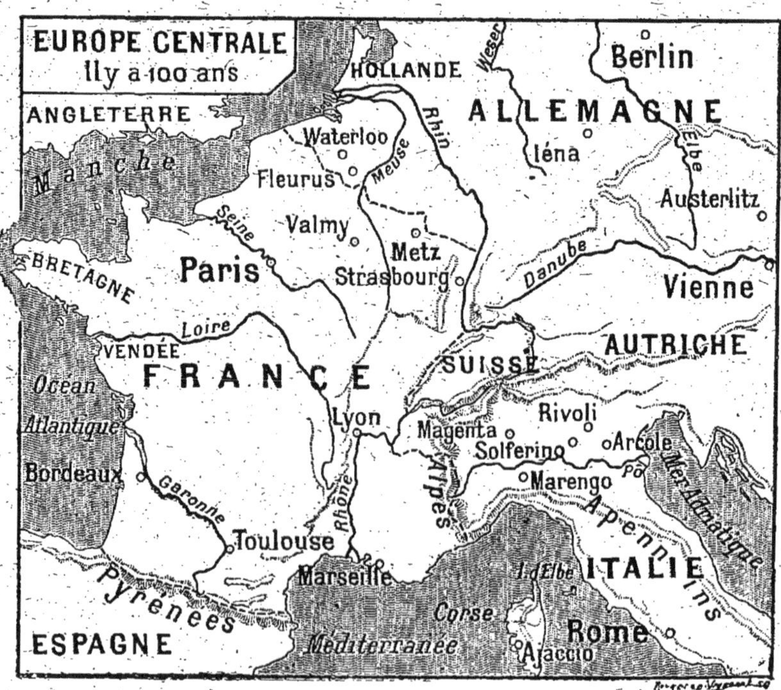

Bonaparte renverse le Directoire, le 18 brumaire.

Le Directoire avait mécontenté presque tout le monde. Bonaparte le renversa par la force, et s'empara du gouvernement ; il se fit nommer Premier Consul.

Bonaparte s'efforça de rétablir le calme dans l'intérieur de la France et il rappela les émigrés.

Mort de Desaix à Marengo.

Bonaparte continua la guerre contre l'Autriche. Il passa les Alpes et vainquit les Autrichiens à la bataille de Marengo, où fut tué le brave général Desaix.

Vaincus également en Allemagne, les Autrichiens signèrent la paix et la guerre cessa aussi entre la France et l'Angleterre.

L'EMPIRE

Sacre de Napoléon Ier.

Bonaparte, tout-puissant en France, fut proclamé empereur des Français sous le nom de Napoléon Ier.

La cérémonie du couronnement fut une fête solennelle; le pape vint lui-même à Paris pour sacrer à Notre-Dame le nouvel empereur.

Napoléon eut bientôt une cour des plus brillantes.

Bataille d'Austerlitz.

La guerre ne tarda pas à éclater de nouveau entre la France et l'Angleterre. Les Anglais, craignant de voir Napoléon passer la Manche, s'allièrent avec l'Autriche et la Russie.

Napoléon accourut en Allemagne, entra dans Vienne, puis il battit les Russes et les Autrichiens à Austerlitz.

Napoléon à Berlin.

La Prusse s'unit à nos ennemis : Napoléon écrasa les Prussiens à Iéna et entra à Berlin. Il vainquit encore dans deux grandes batailles les Russes, qui venaient au secours des Prussiens. Ainsi, les victoires succédaient aux victoires.

Le roi de Rome.

La France formait alors un État immense ; elle avait cent trente départements. Napoléon était le monarque le plus puissant de la terre, mais il voulut aussi être le maître de toute l'Europe, et c'est ce qui le perdit.

Il épousa la fille de l'empereur d'Autriche et il eut un fils, qui reçut le titre de roi de Rome.

La guerre d'Espagne.

Napoléon voulut conquérir l'Espagne. Il fut vainqueur dans plusieurs grandes batailles et s'empara de Madrid. Mais les Espagnols lui firent une guerre acharnée : cachés dans les montagnes, ils attaquaient les convois. Napoléon perdit ainsi un grand nombre de ses meilleurs soldats, et fut obligé de quitter l'Espagne.

La retraite de Russie.

Napoléon alla en Russie pour combattre le tsar. Ses troupes victorieuses entrèrent dans Moscou, la capitale ; mais, quand il fallut revenir en France, ses soldats périrent en grand nombre au milieu des neiges. Alors toute l'Europe se souleva contre lui et envahit la France.

Napoléon à l'île d'Elbe.

Napoléon fit des prodiges. Il vainquit les ennemis dans plus de vingt batailles, mais bientôt il n'eut plus de troupes. Il dut renoncer à la couronne et s'embarqua pour l'île d'Elbe, non loin de la Corse.

Retour de Napoléon.

Après le départ de Napoléon, le frère de Louis XVI fut élu roi sous le nom de Louis XVIII. Mais il ne sut pas se faire aimer, et Napoléon, quittant l'île d'Elbe, revint en France où les soldats l'accueillirent avec des cris de joie. Louis XVIII s'enfuit et Napoléon redevint empereur.

Bataille de Waterloo.

Toute l'Europe s'allia encore contre Napoléon. Une grande bataille eut lieu à Waterloo. Napoléon allait y écraser les Anglais, quand des milliers de Prussiens arrivèrent. « La garde meurt et ne se rend pas, » répondit le général Cambronne aux ennemis qui lui disaient de se rendre. Les Français succombèrent sous le nombre.

Tombeau de Napoléon Iᵉʳ à Sainte-Hélène.

Une deuxième fois, Napoléon dut renoncer à la couronne; il se réfugia auprès des Anglais, qui l'exilèrent à Sainte-Hélène, petite île perdue au milieu de l'Océan. Il y mourut six ans après.

Pendant ce temps, Louis XVIII revenait à Paris et remontait sur le trône.

FRANCE ACTUELLE
Manche
ANGLETERRE
Calais
Roubaix
Lille
BELGIQUE
EMPIRE
Cherbourg
le Havre
Amiens
LUXEMBOURG
ALLEMAND
Rouen
Meuse
Reims
Strasbourg
Brest
PARIS
Nancy
Rhin
Rennes
Orléans
Seine
Angers
Loire
Dijon
Tours
SUISSE
Nantes
Bourges
Océan
Genève
Lyon
la Rochelle
Rochefort
Limoges
St Étienne
Alpes
ITALIE
Atlantique
Bordeaux
Garonne
Rhône
Golfe
de Gascogne
Nîmes
Nice
Bayonne
Toulouse
Montpellier
Pyrénées
Marseille
Toulon
Corse
Ajaccio
ESPAGNE
Méditerranée
EUROPE ACTUELLE
Océan glacial du nord
Islande
Atlantique
NORVEGE
SUÈDE
Christiania
St Pétersbourg
ÉCOSSE
Stockholm
IRLANDE
Mer
Moscou
ILES BRITANNIQUES
DANEMARK
RUSSIE
Océan
ANGLETERRE
du Nord
Copenhague
Londres
HOLLANDE
Berlin
la Haye
Bruxelles
ALLEMAGNE
Mer Caspienne
Paris
BELGIQUE
FRANCE
Berne
Vienne
SUISSE
AUTRICHE-HONGRIE
Crimée
ITALIE
Belgrade
ROUMANIE
Sébastopol
ESPAGNE
SERBIE
Bucarest
PORTUGAL
Corse
BULGARIE
Mer Noire
Lisbonne
Madrid
Rome
MONTENEGRO
Sophia
Sardaigne
TURQUIE
Constantinople
Mer Méditerranée
GRÈCE
ASIE
Alger
Sicile
Athènes
ALGÉRIE
Tunis
AFRIQUE
Crète

H. en Images.

HISTOIRE CONTEMPORAINE

Prise d'Alger.

Louis XVIII régna neuf ans et eut pour successeur son frère Charles X.

C'est sous le règne de Charles X que les Français s'emparèrent d'Alger. Cette ville était alors un nid de pirates qui pillaient les navires et empêchaient le commerce dans la Méditerranée.

Le peuple de Paris s'empare du Louvre.

La manière dont gouverna Charles X excita le mécontentement. La guerre civile éclata. Après trois jours de lutte dans les rues de Paris, le peuple s'empara du Louvre et Charles X dut quitter la France.

Soumission d'Abd-el-Kader.

Le cousin de Charles X, Louis-Philippe, fut nommé roi des Français. Sous son règne, la France fit la conquête de l'Algérie : cette conquête glorieuse se termina par la soumission du chef des Arabes Abd-el-Kader.

Abdication de Louis-Philippe.

A cette époque, les riches seuls avaient le droit de voter. La France voulait que tout honnête homme, riche ou pauvre, pût voter. Louis-Philippe s'y refusant, une révolution éclata, et il dut abdiquer, c'est-à-dire renoncer à être roi. — La seconde République fut proclamée, mais elle ne dura que quatre ans.

Siège de Sébastopol

Louis-Napoléon Bonaparte, neveu de... renversa la République et se fit proclamer... sous le nom de Napoléon III.

Son règne fut une longue suite... nos troupes allèrent en Crimée pour empêcher de... prendre la Turquie. Elles s'emparèrent... après une héroïque résistance...

Bataille de Magenta

Nos soldats passèrent ensuite en Italie pour... Italiens à chasser les Autrichiens de leur pays... ...rièrent les victoires de Magenta et de... les Autrichiens furent forcés de quitter...

Les Français s'emparent de Pékin, capitale de la Chine.

Nos troupes furent envoyées en Chine pour protéger
les missionnaires; puis, en Syrie, pour soutenir les chrétiens contre les musulmans; enfin, au Mexique, pour
y fonder un empire.

Toutes ces guerres affaiblirent beaucoup la France;
et, lorsqu'elle fut menacée par la Prusse, elle ne se
trouva plus assez forte pour faire face au danger.

Guerre franco-allemande.

La guerre éclata entre la France et la Prusse en 1870.
Les Allemands étaient très nombreux et depuis longtemps
ils se préparaient à nous combattre. Nos troupes, au
contraire, étaient peu nombreuses et, de plus, elles man-
quaient d'armes et de provisions. Nos soldats se battirent
bravement, mais ils furent vaincus. Napoléon capitula
à Sedan, et la *troisième République* fut proclamée.

Les Allemands vinrent assiéger Paris, qui supporta
héroïquement les souffrances et les horreurs du bom-
bardement. Paris ne se rendit que lorsqu'il n'eut plus
de vivres.

La paix fut signée. Il fallut payer aux Allemands
la somme énorme de cinq milliards de francs et leur
abandonner l'Alsace, ainsi qu'une partie de la Lorraine.

Les bateaux à vapeur. — Les chemins de fer. — Les ballons sphériques et dirigeables.
Les cycles. — Les automobiles. — Les aéroplanes.

Le télégraphe.   Le téléphone.

Le phonographe.   Le gaz.   La lumière électrique

Le cinématographe.

LA GRANDE GUERRE
(1914-1918)

Les Allemands voulaient être les maîtres du monde. En 1914, alliés aux Autrichiens, ils déclarèrent la guerre à la Russie et à la France, qui ne leur avaient fait aucun mal et ne demandaient qu'à vivre en paix.

Ils n'osèrent pas nous attaquer par la Lorraine, qui était bien défendue, et ils passèrent par la Belgique pour arriver plus rapidement chez nous.

Les Belges luttèrent héroïquement, mais ils étaient trop faibles pour résister longtemps, et la France fut envahie

Les Anglais, les Italiens, les Américains vinrent successivement se battre à nos côtés.

Tout d'abord, les Allemands approchèrent de Paris ; mais le général en chef Joffre remporta sur eux la bataille de la Marne, et les repoussa (1914). En 1916, ils tentèrent de prendre Verdun pour marcher sur la capitale : ils perdirent plus de 500.000 hommes sans triompher de nos braves soldats, commandés par les généraux de Castelnau, Pétain et Nivelle.

En 1918, ils firent un nouvel effort contre Paris. Le général Foch les obligea à battre en retraite. Ce fut une seconde victoire de la Marne, après laquelle ils durent implorer la paix.

Le Traité de Versailles (1919) nous rendit l'Alsace et la Lorraine.

L'Autriche, la Turquie, la Bulgarie, qui avaient pris le parti de l'Allemagne, durent s'avouer vaincues.

TABLE DES MATIÈRES

Paris. — Imp. LAROUSSE, 17, rue Montparnasse.

www.ingramcontent.com/pod-product-compliance
Ingram Content Group UK Ltd.
Pitfield, Milton Keynes, MK11 3LW, UK
UKHW022117070726
13613UKWH00003B/1118